Frédéric Bastiat

Propriété
et spoliation

Essai

 Le code de la propriété intellectuelle du 1er juillet 1992 interdit en effet expressément la photocopie à usage collectif sans autorisation des ayants droit. Or, cette pratique s'est généralisée dans les établissements d'enseignement supérieur, provoquant une baisse brutale des achats de livres et de revues, au point que la possibilité même pour les auteurs de créer des œuvres nouvelles et de les faire éditer correctement est aujourd'hui menacée. En application de la loi du 11 mars 1957, il est interdit de reproduire intégralement ou partiellement le présent ouvrage, sur quelque support que ce soir, sans autorisation de l'Éditeur ou du Centre Français d'Exploitation du Droit de Copie , 20, rue Grands Augustins, 75006 Paris.

ISBN : 978-1544882321

10 9 8 7 6 5 4 3 2 1

Frédéric Bastiat

Propriété
et spoliation

Essai

Table de Matières

Première lettre[1].   *6*

Deuxième lettre.   *11*

Troisième lettre.   *15*

Quatrième lettre.   *21*

Cinquième lettre.   *29*

RÉCLAMATION DE M. CONSIDÉRANT ET RÉPONSE DE F. BASTIAT,   *36*

Notes   *44*

Première lettre[1].

Juillet 1848.

L'assemblée nationale est saisie d'une question immense, dont la solution intéresse au plus haut degré la prospérité et le repos de la France. Un Droit nouveau frappe à la porte de la Constitution : c'est le *Droit au travail*. Il n'y demande pas seulement une place ; il prétend y prendre, en tout ou en partie, celle du *Droit de propriété*.

M. Louis Blanc a déjà proclamé provisoirement ce droit nouveau, et l'on sait avec quel succès ;

M. Proudhon le réclame pour tuer la Propriété ;

M. Considérant, pour la raffermir, en la légitimant.

Ainsi selon ces publicistes, la Propriété porte en elle quelque chose d'injuste et de faux, un germe de mort. Je prétends démontrer qu'elle est la vérité et la justice même, et que ce qu'elle porte dans son sein, c'est le principe du progrès et de la vie.

Ils paraissent croire que, dans la lutte qui va s'engager, les pauvres sont intéressés au triomphe du *droit au travail* et les riches à la défense du *droit de propriété*. Je me crois en mesure de prouver que le droit de propriété est essentiellement démocratique, et que tout ce qui le nie ou le viole est fondamentalement aristocratique et anarchique.

J'ai hésité à demander place dans un journal pour une dissertation d'économie sociale. Voici ce qui peut justifier cette tentative :

D'abord, la gravité et l'actualité du sujet.

Ensuite, MM. Louis Blanc, Considérant, Proudhon ne sont pas seulement publicistes ; ils sont aussi chefs d'écoles ; ils ont derrière eux de nombreux et ardents sectateurs, comme le témoigne leur présence à l'assemblée nationale. Leurs doctrines exercent dès aujourd'hui une influence considérable, — selon moi, funeste dans le monde des affaires, — et, ce qui ne laisse pas d'être grave, elles peuvent s'étayer de concessions échappées à l'orthodoxie des maîtres de la science.

Enfin, pourquoi ne l'avouerais-je pas ? quelque chose, au fond de ma conscience, me dit qu'au milieu de cette controverse brûlante, il me sera peut-être donné de jeter un de ces rayons inattendus de clarté qui illuminent le terrain où s'opère quelquefois la réconciliation des écoles les plus divergentes.

C'en est assez, j'espère, pour que ces lettres trouvent grâce auprès des lecteurs.

Je dois établir d'abord le reproche qu'on adresse à la Propriété.

Voici en résumé comment M. Considérant s'en explique. Je ne crois pas altérer sa théorie, en l'abrégeant[2].

« Tout homme possède légitimement la chose que son activité a créée. Il peut la consommer, la donner, l'échanger, la transmettre, sans que personne, ni même la société tout entière, ait rien à y voir.

Le propriétaire possède donc légitimement non-seulement les produits qu'il a créés sur le sol, mais encore la *plus-value* qu'il a donnée au sol lui-même par la culture.

Mais il y a une chose qu'il n'a pas créée, qui n'est le fruit d'aucun travail ; c'est la terre brute, c'est le capital primitif, c'est la puissance productive des agents naturels. Or, le propriétaire s'est emparé de ce capital. Là est l'usurpation, la confiscation, l'injustice, l'illégitimité permanente.

L'espèce humaine est placée sur ce globe pour y vivre et se développer. *L'espèce* est donc usufruitière de la surface du globe. Or, maintenant, cette surface est confisquée par le petit nombre, à l'exclusion du grand nombre.

Il est vrai que cette confiscation est inévitable ; car comment cultiver, si chacun peut exercer à l'aventure et en liberté ses droits naturels, c'est-à-dire les droits de la sauvagerie ?

Il ne faut donc pas détruire la propriété, mais il faut la légitimer. Comment ? par la reconnaissance du *droit au travail*.

En effet, les sauvages n'exercent leurs quatre droits (chasse, pêche, cueillette et pâture) que sous la condition du travail ; c'est donc sous la même condition que la société doit aux prolétaires l'équivalent de l'usufruit dont elle les a dépouillés.

En définitive, la société doit à tous les membres de l'espèce, à charge de travail, un salaire qui les place dans une condition telle, qu'elle puisse être jugée aussi favorable que celle des sauvages.

Alors la propriété sera légitime de tous points, et la réconciliation sera faite entre les riches et les pauvres. »

Première lettre

Voilà toute la théorie de M. Considérant[3]. Il affirme que cette question de la propriété est des plus simples, qu'il ne faut qu'un peu de bon sens pour la résoudre, et que cependant personne, avant lui, n'y avait rien compris.

Le compliment n'est pas flatteur pour le genre humain ; mais, en compensation, je ne puis qu'admirer l'extrême modestie que l'auteur met dans ses conclusions.

Que demande-t-il, en effet, à la société ?

Qu'elle reconnaisse le Droit au travail comme l'équivalent, au profit de l'*espèce*, de l'usufruit de la terre brute.

Et à combien estime-t-il cet équivalent ?

À ce que la terre brute peut faire vivre de sauvages.

Comme c'est à peu près un habitant par lieue carrée, les propriétaires du sol français peuvent légitimer leur usurpation à très-bon marché assurément. Ils n'ont qu'à prendre l'engagement que trente à quarante mille non-propriétaires s'élèveront, à leur côté, à toute la hauteur des Esquimaux.

Mais, que dis-je ? Pourquoi parler de la France ? Dans ce système, il n'y a plus de France, il n'y a plus de propriété nationale, puisque l'*usufruit* de la terre appartient, de plein droit, à l'*espèce*.

Au reste, je n'ai pas l'intention d'examiner en détail la théorie de M. Considérant, cela me mènerait trop loin. Je ne veux m'attaquer qu'à ce qu'il y a de grave et de sérieux au fond de cette théorie, je veux dire la question de la *Rente*.

Le système de M. Considérant peut se résumer ainsi :

Un produit agricole existe par le concours de deux actions :

L'*action de l'homme*, ou le travail, qui donne ouverture au droit de propriété ;

L'*action de la nature*, qui devrait être gratuite, et que les propriétaires font injustement tourner à leur profit. C'est là ce qui constitue l'usurpation des droits de l'*espèce*.

Si donc je venais à prouver que les hommes, dans leurs transactions, ne se font réciproquement payer *que leur travail*, qu'ils ne font pas entrer dans le prix des choses échangées l'*action de la nature*, M. Considérant devrait se tenir pour complétement satisfait.

Les griefs de M. Proudhon contre la propriété sont absolument les mêmes. « La propriété, dit-il, cessera d'être abusive *par la mutualité des services.* » Donc, si je démontre que les hommes n'échangent entre eux que des *services,* sans jamais se débiter réciproquement d'une obole pour l'usage de ces *forces naturelles* que Dieu a données gratuitement à tous, M. Proudhon, de son côté, devra convenir que son utopie est réalisée.

Ces deux publicistes ne seront pas fondés à réclamer le *droit au travail*. Peu importe que ce droit fameux soit considéré par eux sous un jour si diamétralement opposé que, selon M. Considérant, il doit légitimer la propriété, tandis que, selon M. Proudhon, il doit la tuer ; toujours est-il qu'il n'en sera plus question, pourvu qu'il soit bien prouvé que, sous le régime propriétaire, les hommes échangent peine contre peine, effort contre effort, travail contre travail, *service contre service,* le concours de la nature étant toujours livré *par-dessus le marché ;* en sorte que les forces naturelles, *gratuites* par destination, ne cessent pas de rester *gratuites* à travers toutes les transactions humaines.

On voit que ce qui est contesté, c'est la légitimité de la *Rente,* parce qu'on suppose qu'elle est, en tout ou en partie, un paiement injuste que le consommateur fait au propriétaire, non pour un service personnel, mais pour des bienfaits gratuits de la nature.

J'ai dit que les réformateurs modernes pouvaient s'appuyer sur l'opinion des principaux économistes[4].

En effet, Adam Smith dit que la Rente est souvent un intérêt raisonnable du capital dépensé sur les terres en amélioration, mais que souvent aussi cet intérêt n'est *qu'une partie de la Rente.*

Sur quoi Mac-Culloch fait cette déclaration positive :

« Ce qu'on nomme proprement la Rente, c'est la somme payée pour l'usage *des forces naturelles et de la puissance inhérente au sol*. Elle est entièrement distincte de la somme payée à raison des constructions, clôtures, routes et autres améliorations foncières. La rente est donc toujours un monopole. »

Buchanan va jusqu'à dire que « la Rente est une portion du revenu des consommateurs qui passe dans la poche du propriétaire. »

Ricardo :

Première lettre

« Une portion de la Rente est payée pour l'usage du capital qui a été employé à améliorer la qualité de la terre, élever des bâtisses, etc. ; *l'autre est donnée pour l'usage des puissances primitives et indestructibles du sol.* »

Scrope :

« La valeur de la terre et la faculté d'en tirer une *rente* sont dues à deux circonstances : 1° *à l'appropriation de ses puissances naturelles* ; 2° au travail appliqué à son amélioration. Sous le premier rapport, la Rente est un monopole. C'est une restriction à l'usufruit des dons que le Créateur a faits aux hommes pour leurs besoins. Cette restriction n'est juste qu'autant qu'elle est nécessaire pour le bien commun. »

Senior :

« Les instruments de la production sont le travail et *les agents naturels*. Les agents naturels ayant été appropriés, les propriétaires *s'en font payer l'usage* sous forme de rente, qui n'est la récompense d'aucun sacrifice quelconque, et est reçue par ceux qui n'ont ni travaillé ni fait des avances, mais qui se bornent à tendre la main pour recevoir les offrandes de la communauté. »

Après avoir dit qu'une partie de la Rente est l'intérêt du capital, Senior ajoute :

« Le surplus est prélevé par le propriétaire des agents naturels et forme sa récompense, non pour avoir travaillé ou épargné, mais simplement pour n'avoir pas gardé quand il pouvait garder, pour avoir permis que les dons de la nature fussent acceptés. »

Certes, au moment d'entrer en lutte avec des hommes qui proclament une doctrine spécieuse en elle-même, propre à faire naître des espérances et des sympathies parmi les classes souffrantes, et qui s'appuie sur de telles autorités, il ne suffit pas de fermer les yeux sur la gravité de la situation ; il ne suffit pas de s'écrier dédaigneusement qu'on n'a devant soi que des rêveurs, des utopistes, des insensés, ou même des factieux ; il faut étudier et résoudre la question une fois pour toutes. Elle vaut bien un moment d'ennui.

Je crois qu'elle sera résolue d'une manière satisfaisante pour tous, si je prouve que la propriété non-seulement laisse à ce qu'on nomme les prolétaires l'usufruit gratuit des agents naturels, mais encore décuple et centuple cet usufruit. J'ose espérer qu'il sortira de cette démonstration la claire vue de quelques *harmonies* propres à satisfaire l'intelligence et à apaiser les prétentions de toutes les écoles économistes, socialistes et même communistes[5].

Deuxième lettre.

Quelle inflexible puissance que celle de la Logique !

De rudes conquérants se partagent une île ; ils vivent de *Rentes* dans le loisir et le faste, au milieu des vaincus laborieux et pauvres. Il y a donc, dit la Science, une autre source de *valeurs* que le travail.

Alors elle se met à décomposer la Rente et jette au monde cette théorie :

« La Rente, c'est, pour une partie, l'intérêt d'un capital dépensé. Pour une autre partie, *c'est le monopole d'agents naturels usurpés et confisqués.* »

Bientôt cette économie politique *de l'école anglaise* passe le détroit. La Logique socialiste s'en empare et dit aux travailleurs : Prenez garde ! dans le prix du pain que vous mangez, il entre trois éléments. Il y a le travail du laboureur, vous le devez ; il y a le travail du propriétaire, vous le devez ; il y a le travail de la nature, vous ne le devez pas. Ce que l'on vous prend à ce titre, c'est un monopole, comme dit Scrope ; c'est une taxe prélevée sur les dons que Dieu vous a faits, comme dit Senior.

La Science voit le danger de sa distinction. Elle ne la retire pas néanmoins, mais l'explique : « Dans le mécanisme social, il est vrai, dit-elle, que le rôle du propriétaire est commode, mais il est nécessaire. On travaille pour lui, et il paie avec la chaleur du soleil et la fraîcheur des rosées. Il faut en passer par là, sans quoi il n'y aurait pas de culture. »

« Qu'à cela ne tienne, répond la Logique, j'ai mille organisations en réserve pour effacer l'injustice, qui d'ailleurs n'est jamais nécessaire. »

Donc, grâce à un faux principe, ramassé dans *l'école anglaise*, la Logique bat en brèche la propriété foncière. S'arrêtera-t-elle là ? Gardez-vous de le croire. Elle ne serait pas la Logique.

Comme elle a dit à l'agriculteur : La loi de la vie végétale ne peut être une propriété et donner un profit ;

Elle dira au fabricant de drap : La loi de la gravitation ne peut être une propriété et donner un profit ;

Au fabricant de toiles : La loi de l'élasticité des vapeurs ne peut être une propriété et donner un profit ;

Au maître de forges : La loi de la combustion ne peut être une propriété et donner un profit ;

Au marin : Les lois de l'hydrostatique ne peuvent être une propriété et donner un profit ;

Au charpentier, au menuisier, au bûcheron : Vous vous servez de scies, de haches, de marteaux ; vous faites concourir ainsi à votre œuvre la dureté des corps et la résistance des milieux. Ces lois appartiennent à tout le monde, et ne doivent pas donner lieu à un profit.

Oui, la Logique ira jusque-là, au risque de bouleverser la société entière ; après avoir nié la Propriété foncière, elle niera la productivité du capital, toujours en se fondant sur celle donnée que le Propriétaire et le Capitaliste se font rétribuer pour l'usage des puissances naturelles. C'est pour cela qu'il importe de lui prouver qu'elle part d'un faux principe ; qu'il n'est pas vrai que dans aucun art, dans aucun métier, dans aucune industrie, on se fasse payer les forces de la nature, et qu'à cet égard l'agriculture n'est pas privilégiée.

Il est des choses qui sont *utiles* sans que le travail intervienne : la terre, l'air, l'eau, la lumière et la chaleur du soleil, les matériaux et les forces que nous fournit la nature.

Il en est d'autres qui ne deviennent *utiles* que parce que le travail s'exerce sur ces matériaux et s'empare de ces forces.

L'*utilité* est donc due quelquefois à la nature seule, quelquefois au travail seul, presque toujours à l'activité combinée du travail et de la nature.

Que d'autres se perdent dans les définitions. Pour moi, j'entends par *Utilité* ce que tout le monde comprend par ce mot, dont l'étymologie marque très-exactement le sens. Tout ce qui *sert*, que ce soit de par la nature, de par le travail ou de par les deux, est *Utile*.

J'appelle *Valeur* cette portion seulement d'*utilité* que le travail communique ou ajoute aux choses, en sorte que deux choses se *valent* quand ceux qui les ont *travaillées* les échangent librement l'une contre l'autre. Voici mes motifs :

Qu'est-ce qui fait qu'un homme refuse un échange ? c'est la connaissance qu'il a que la chose qu'on lui offre exigerait de lui moins de travail que celle qu'on lui demande. On aura beau lui dire : J'ai moins travaillé que vous, mais la gravitation m'a aidé, et je la mets en ligne de compte ; il répondra : Je puis aussi me servir de la gravitation, avec un travail égal au vôtre.

Quand deux hommes sont isolés, s'ils travaillent, *c'est pour se rendre service à eux-mêmes* ; que l'échange intervienne, chacun *rend service* à l'autre et en reçoit un service *équivalent*. Si l'un d'eux se fait aider par une puissance naturelle qui soit à la disposition de l'autre, cette puissance ne comptera pas dans le marché ; le droit de refus s'y oppose.

Robinson chasse et Vendredi pêche. Il est clair que la quantité de poisson échangée contre du gibier sera déterminée par le travail. Si Robinson disait à Vendredi : « La nature prend plus de peine pour faire un oiseau que pour faire un poisson ; donne-moi donc plus de ton travail que je ne t'en donne du mien, puisque je te cède, en compensation, un plus grand effort de la nature... » Vendredi ne manquerait pas de répondre : « Il ne t'est pas donné, non plus qu'à moi, d'apprécier les efforts de la nature. Ce qu'il faut comparer, c'est ton travail au mien, et si tu veux établir nos relations sur ce pied que je devrai, d'une manière permanente, travailler plus que toi, je vais me mettre à chasser, et tu pêcheras si tu veux. »

On voit que la libéralité de la nature, dans cette hypothèse, ne peut devenir un monopole à moins de violence. On voit encore que si elle entre pour beaucoup dans l'*utilité*, elle n'entre pour rien dans la *valeur*.

J'ai signalé autrefois la métaphore comme un ennemi de l'économie politique, j'accuserai ici la métonymie du même méfait[6].

Se sert-on d'un langage bien exact quand on dit : « L'eau *vaut* deux sous ? »

On raconte qu'un célèbre astronome ne pouvait se décider à dire : Ah ! le beau coucher du soleil ! Même en présence des dames, il s'écriait, dans son étrange enthousiasme : Ah ! le beau spectacle

Deuxième lettre

que celui de la rotation de la terre, quand les rayons du soleil la frappent par la tangente !

Cet astronome était exact et ridicule. Un économiste ne le serait pas moins qui dirait : Le travail qu'il faut faire pour aller chercher l'eau à la source vaut deux sous.

L'étrangeté de la périphrase n'en empêche pas l'exactitude.

En effet, l'eau ne *vaut* pas. Elle n'a pas de *valeur*, quoiqu'elle ait de l'*utilité*. Si nous avions tous et toujours une source à nos pieds, évidemment l'eau n'aurait aucune *valeur*, puisqu'elle ne pourrait donner lieu à aucun échange. Mais est-elle à un quart de lieue, il faut l'aller chercher, c'est un travail, et voilà l'origine de la *valeur*. Est-elle à une demi-lieue, c'est un travail double, et, partant, une *valeur* double, quoique l'*utilité* reste la même. L'eau est pour moi un don gratuit de la nature, à la condition de l'aller chercher. Si je le fais moi-même, je me rends un service moyennant une peine. Si j'en charge un autre, je lui donne une peine et lui dois un service. Ce sont deux peines, deux services à comparer, à débattre. Le don de la nature reste toujours gratuit. En vérité, il me semble que c'est dans le *travail* et non dans l'eau que réside la *valeur*, et qu'on fait une métonymie aussi bien quand on dit : *L'eau vaut deux sous*, que lorsqu'on dit : *J'ai bu une bouteille*.

L'air est un don gratuit de la nature, il n'a pas de *valeur*. Les économistes disent : Il n'a pas de valeur d'échange, mais il a de la valeur d'usage. Quelle langue ! Eh ! Messieurs, avez-vous pris à tâche de dégoûter de la science ? Pourquoi ne pas dire tout simplement : Il n'a pas de *valeur*, mais il a de l'*utilité* ? Il a de l'*utilité* parce qu'il *sert*. Il n'a pas de *valeur* parce que la nature a fait tout et le *travail* rien. Si le travail n'y est pour rien, personne n'a à cet égard de *service* à rendre, à recevoir ou à rémunérer. Il n'y a ni peine à prendre, ni échange à faire ; il n'y a rien à comparer, il n'y a pas de *valeur*.

Mais entrez dans une cloche à plongeur et chargez un homme de vous envoyer de l'air par une pompe pendant deux heures ; il prendra une peine, il vous rendra un service ; vous aurez à vous *acquitter*. Est-ce l'air que vous paierez ? Non, c'est le travail. Donc, est-ce l'air qui a acquis de la *valeur* ? Parlez ainsi pour abréger, si vous voulez, mais n'oubliez pas que c'est une *métonymie* ; que l'air reste gratuit ; et qu'aucune intelligence humaine ne saurait lui assigner une *valeur* ; que s'il en a une, c'est celle qui se mesure par la peine prise, comparée à la peine donnée en échange.

Un blanchisseur est obligé de faire sécher le linge dans un grand établissement par l'action du feu. Un autre se contente de l'exposer au soleil. Ce dernier prend moins de peine ; il n'est ni ne peut être aussi exigeant. Il ne me fait donc pas payer la chaleur des rayons du soleil, et c'est moi consommateur qui en profite.

Ainsi la grande loi économique est celle-ci :

Les services s'échangent contre des services.

Do ut des ; do ut facias ; facio ut des ; facio ut facias ; fais ceci pour moi, et je ferai cela pour toi, c'est bien trivial, bien vulgaire ; ce n'en est pas moins le commencement, le milieu et la fin de la science[7].

Nous pouvons tirer de ces trois exemples cette conclusion générale : Le consommateur rémunère tous les *services* qu'on lui rend, toute la peine qu'on lui épargne, tous les travaux qu'il occasionne ; mais il jouit, sans les payer, des dons gratuits de la nature et des puissances que le producteur a mises en œuvre.

Voilà trois hommes qui ont mis à ma disposition de l'air, de l'eau et de la chaleur, sans se rien faire payer que leur peine.

Qu'est-ce donc qui a pu faire croire que l'agriculteur, qui se sert aussi de l'air, de l'eau et de la chaleur, me fait payer la prétendue *valeur intrinsèque* de ces *agents naturels* ? qu'il me porte en compte de l'utilité créée et de l'utilité non créée ? que, par exemple, le prix du blé vendu à 18 fr. se décompose ainsi :

12 fr. pour le travail actuel,	
3 fr. pour le travail antérieur,	propriété légitime ;
3 fr. pour l'air, la pluie, le soleil, la vie végétale, propriété illégitime ?	

Pourquoi tous les économistes de l'*école anglaise* croient-ils que ce dernier élément s'est furtivement introduit dans la valeur du blé ?

Troisième lettre.

Les services s'échangent contre des services. Je suis obligé de me faire violence pour résister à la tentation de montrer ce qu'il y a de simplicité, de vérité et de fécondité dans cet axiome.

Que deviennent devant lui toutes ces subtilités : *Valeur d'usage et valeur d'échange, produits matériels et produits immatériels, classes productives et classes improductives* ? Industriels, avocats, médecins, fonctionnaires, banquiers, négociants, marins, militaires, artistes, ouvriers, tous tant que nous sommes, à l'exception des hommes de rapine, nous rendons et recevons des *services*. Or, ces services réciproques étant seuls commensurables entre eux, c'est en eux seuls que réside la *valeur*, et non dans la matière gratuite et dans les agents naturels gratuits qu'ils mettent en œuvre. Qu'on ne dise donc point, comme c'est aujourd'hui la mode, que le négociant est un intermédiaire parasite. Prend-il ou ne prend-il pas une peine ? Nous épargne-t-il ou non du travail ? Rend-il ou non des *services* ? S'il rend des *services*, il crée de la *valeur* aussi bien que le fabricant[8].

Comme le fabricant, pour faire tourner ses mille broches, s'empare, par la machine à vapeur, du poids de l'atmosphère et de l'expansibilité des gaz, de même le négociant, pour exécuter ses transports, se sert de la direction des vents et de la fluidité de l'eau. Mais ni l'un ni l'autre ne nous font payer ces *forces naturelles*, car plus ils en sont secondés, plus ils sont forcés de baisser leurs prix. Elles restent donc ce que Dieu a voulu qu'elles fussent, un don gratuit, sous la condition du travail, pour l'humanité tout entière.

En est-il autrement en agriculture ? C'est ce que j'ai à examiner.

Supposons une île immense habitée par quelques sauvages. L'un d'entre eux conçoit la pensée de se livrer à la culture. Il s'y prépare de longue main, car il sait que l'entreprise absorbera bien des journées de travail avant de donner la moindre récompense. Il accumule des provisions, il fabrique de grossiers instruments. Enfin le voilà prêt ; il clôt et défriche un lopin de terre.

Ici deux questions :

Ce sauvage blesse-t-il les Droits de la communauté ?

Blesse-t-il ses Intérêts ?

Puisqu'il y a cent mille fois plus de terres que la communauté n'en pourrait cultiver, il ne blesse pas plus ses droits que je ne blesse ceux de mes compatriotes quand je puise dans la Seine un verre d'eau pour boire, ou dans l'atmosphère un pied cube d'air pour respirer.

Il ne blesse pas davantage ses intérêts. Bien au contraire : ne chassant plus ou chassant moins, ses compagnons ont proportionnellement plus d'espace ; en outre, s'il produit plus de subsistances qu'il n'en peut consommer, il lui reste un excédant à échanger.

Dans cet échange, exerce-t-il la moindre oppression sur ses semblables ? Non, puisque ceux-ci sont libres d'accepter ou de refuser.

Se fait-il payer le concours de la terre, du soleil et de la pluie ? Non, puisque chacun peut recourir, comme lui, à ces agents de production.

Veut-il vendre son lopin de terre, que pourra-t-il obtenir ? L'équivalent de son travail, et voilà tout. S'il disait : Donnez-moi d'abord autant de votre temps que j'en ai consacré à l'opération, et ensuite une autre portion de votre temps pour la valeur de la terre brute ; on lui répondrait : Il y a de la terre brute à côté de la vôtre, je ne puis que vous restituer votre temps, puisque, avec un temps égal, rien ne m'empêche de me placer dans une condition semblable à la vôtre. C'est justement la réponse que nous ferions au porteur d'eau qui nous demanderait deux sous pour la valeur de son service et deux pour la valeur de l'eau ; par où l'on voit que la terre et l'eau ont cela de commun, que l'une et l'autre beaucoup d'*utilité*, et que ni l'une ni l'autre n'ont de *valeur*.

Que si notre sauvage voulait *affermer* son champ, il ne trouverait jamais que la rémunération de son travail sous une autre forme. Des prétentions plus exagérées rencontreraient toujours cette inexorable réponse : « Il y a des terres dans l'île », réponse plus décisive que celle du meunier de Sans-Souci : « Il y a des juges à Berlin[9]. »

Ainsi, à l'origine du moins, le propriétaire, soit qu'il vende les produits de sa terre, ou sa terre elle-même, soit qu'il l'afferme, ne fait autre chose que rendre et recevoir des *services* sur le pied de l'égalité. Ce sont ces services qui se comparent, et par conséquent qui *valent*, la valeur n'étant attribuée au sol que par abréviation ou *métonymie*.

Voyons ce qui survient à mesure que l'île se peuple et se cultive.

Il est bien évident que la facilité de se procurer des matières premières, des subsistances et du *travail* y augmente pour tout

Troisième lettre

le monde, sans privilége pour personne, comme on le voit aux États-Unis. Là, il est absolument impossible aux propriétaires de se placer dans une position plus favorable que les autres travailleurs, puisque, à cause de l'abondance des terres, chacun a le choix de se porter vers l'agriculture si elle devient plus lucrative que les autrescarrières. Cette liberté suffit pour maintenir l'*équilibre des services*. Elle suffit aussi pour que les *agents naturels*, dont on se sert dans un grand nombre d'industries aussi bien qu'en agriculture, ne profitent pas aux producteurs, en tant que tels, mais au public consommateur.

Deux frères se séparent ; l'un va à la pêche de la baleine, l'autre va défricher des terres dans le *Far-West*. Ils échangent ensuite de l'huile contre du blé. L'un porte-t-il plus en compte la *valeur* du sol que la *valeur* de la baleine ? La comparaison ne peut porter que sur les *services* reçus et rendus. Ces services seuls ont donc de la *valeur*.

Cela est si vrai que, si la nature a été très-libérale du côté de la terre, c'est-à-dire si la récolte est abondante, le prix du blé baisse, et *c'est le pêcheur qui en profite*. Si la nature a été libérale du côté de l'Océan, en d'autres termes, si la pêche a été heureuse, c'est l'huile qui est à bon marché, *au profit de l'agriculteur*. Rien ne prouve mieux que le don gratuit de la nature, quoique mis en œuvre par le producteur, reste toujours gratuit pour les masses, à la seule condition de payer cette mise en œuvre qui est le *service*.

Donc, tant qu'il y aura abondance de terres incultes dans le pays, l'équilibre se maintiendra entre les services réciproques, et tout avantage exceptionnel sera refusé aux propriétaires.

Il n'en serait pas ainsi, si les propriétaires parvenaient à interdire tout nouveau défrichement. En ce cas, il est bien clair qu'ils feraient la loi au reste de la communauté. La population augmentant, le besoin de subsistance se faisant de plus en plus sentir, il est clair qu'ils seraient en mesure de se faire payer plus cher leurs *services*, ce que le langage ordinaire exprimerait ainsi, par métonymie : *Le sol a plus de valeur*. Mais la preuve que ce privilége inique conférerait une *valeur factice* non à la matière, mais aux services, c'est ce que nous voyons en France et à Paris même. Par un procédé semblable à celui que nous venons de décrire, la loi limite le nombre des courtiers, agents de change, notaires, bouchers ; et qu'arrive-t-il ? C'est qu'en les mettant à même de mettre à haut prix leurs *services*, elle crée en leur faveur un capital qui n'est incorporé dans aucune matière. Le besoin d'abréger fait dire alors : « Cette étude, ce cabinet, ce brevet *valent* tant, » et la *métonymie* est évidente. Il en est de même pour le sol.

Nous arrivons à la dernière hypothèse, celle où le sol de l'île entière est soumis à l'appropriation individuelle et à la culture.

Ici il semble que la position relative des deux classes va changer.

En effet, la population continue de s'accroître ; elle va encombrer toutes les carrières, excepté la seule où la place soit prise. Le propriétaire fera donc la loi de l'échange ! Ce qui limite la *valeur d'un service*, ce n'est jamais la volonté de celui qui le rend, c'est quand celui à qui on l'offre peut s'en passer, ou se le rendre à lui-même, ou s'adresser à d'autres. Le prolétaire n'a plus aucune de ces alternatives. Autrefois il disait au propriétaire : « Si vous me demandez plus que la rémunération de votre travail, je cultiverai moi-même ; » et le propriétaire était forcé de se soumettre. Aujourd'hui le propriétaire a trouvé cette réplique : « Il n'y a plus de place dans le pays. » Ainsi, qu'on voie la Valeur dans les choses ou dans les services, l'agriculteur profitera de l'absence de toute concurrence, et comme les propriétaires feront la loi aux fermiers et aux ouvriers des campagnes, en définitive ils la feront à tout le monde.

Cette situation nouvelle a évidemment pour cause unique ce fait, que les non-propriétaires ne peuvent plus contenir les exigences des possesseurs du sol par ce mot : « Il reste du sol à défricher. »

Que faudrait-il donc pour que l'*équilibre des services* fût maintenu, pour que l'hypothèse actuelle rentrât à l'instant dans l'hypothèse précédente ? Une seule chose : c'est qu'à côté de notre île il en surgît une seconde, ou, mieux encore, des continents non entièrement envahis parla culture.

Alors le travail continuerait à se développer, se répartissant dans de justes proportions entre l'agriculture et les autres industries, sans oppression possible de part ni d'autre, puisque si le propriétaire disait à l'artisan : « Je te vendrai mon blé à un prix qui dépasse la rémunération normale du travail, » celui-ci se hâterait de répondre : « Je travaillerai pour les propriétaires du continent, qui ne

Troisième lettre

peuvent avoir de telles prétentions. »

Cette période arrivée, la vraie garantie des masses est donc dans la liberté de l'échange, dans le droit du travail[10].

Le *droit du travail*, c'est la liberté, c'est la propriété. L'artisan est propriétaire de son œuvre, de ses services ou du prix qu'il en a retiré, aussi bien que le propriétaire du sol. Tant que, en vertu de ce droit, il peut les échanger sur toute la surface du globe contre des produits agricoles, il maintient *forcément* le propriétaire foncier dans cette position d'*égalité* que j'ai précédemment décrite, où *les services s'échangent contre des services*, sans que la possession du sol confère par elle-même, pas plus que la possession d'une machine à vapeur ou du plus simple outil, un avantage indépendant du travail.

Mais si, usurpant la puissance législative, les propriétaires défendent aux prolétaires de travailler pour le dehors contre de la subsistance, alors l'équilibre des services est rompu. Par respect pour l'exactitude scientifique, je ne dirai pas que par là ils élèvent artificiellement la *valeur du sol ou des agents* naturels ; mais je dirai qu'ils élèvent artificiellement la *valeur de leurs services*. Avec *moins* de travail ils paient *plus* de travail. Ils oppriment. Ils font comme tous les monopoleurs brevetés ; ils font comme les propriétaires de l'autre période qui prohibaient les défrichements ; ils introduisent dans la société une cause d'inégalité et de misère ; ils altèrent les notions de justice et de propriété ; ils creusent sous leurs pas un abîme[11].

Mais quel soulagement pourraient trouver les non-propriétaires dans la proclamation du *droit au travail* ? En quoi ce droit nouveau accroîtrait-il les subsistances ou les travaux à distribuer aux masses ? Est-ce que tous les capitaux ne sont pas consacrés à faire travailler ? Est-ce qu'ils grossissent en passant par les coffres de l'État ? Est-ce qu'en les ravissant au peuple par l'impôt, l'État ne ferme pas au moins autant de sources de travail d'un côté qu'il en ouvre de l'autre ?

Et puis, en faveur de qui stipulez-vous ce droit ? Selon la théorie qui vous l'a révélé, ce serait en faveur de quiconque n'a plus sa part d'usufruit de la terre brute. Mais les banquiers, négociants, manufacturiers, légistes, médecins, fonctionnaires, artistes, artisans ne sont pas propriétaires fonciers. Voulez-vous dire que les possesseurs du sol seront tenus d'assurer du travail à tous ces citoyens ? Mais tous se créent des débouchés les uns aux autres. Entendez-vous seulement que les riches, propriétaires ou non-propriétaires du sol, doivent venir au secours des pauvres ? Alors vous parlez d'*assistance*, et non d'un droit ayant sa source dans l'appropriation du sol.

En fait de droits, celui qu'il faut réclamer, parce qu'il est incontestable, rigoureux, sacré, c'est le *droit du travail* ; c'est la liberté, c'est la propriété, non celle du sol seulement, mais celle des bras, de l'intelligence, des facultés, de la personnalité, propriété qui est violée si une classe peut interdire aux autres l'*échange libre des services* au dehors comme au dedans. Tant que cette liberté existe, la propriété foncière n'est pas un privilège ; elle n'est, comme toutes les autres, que la *propriété d'un travail*.

Il me reste à déduire quelques conséquences de cette doctrine.

Quatrième lettre.

Les physiocrates disaient : La terre seule est productive.

Certains économistes ont dit : Le travail seul est productif.

Quand on voit le laboureur courbé sur le sillon qu'il arrose de ses sueurs, on ne peut guère nier son concours à l'œuvre de la production. D'un autre côté, la nature ne se repose pas. Et le rayon qui perce la nue, et la nue que chasse le vent, et le vent qui amène la pluie, et la pluie qui dissout les substances fertilisantes, et ces substances qui développent dans la jeune plante le mystère de la vie, toutes les puissances connues et inconnues de la nature préparent la moisson pendant que le laboureur cherche dans le sommeil une trêve à ses fatigues.

Il est donc impossible de ne pas le reconnaître : le Travail et la nature se combinent pour accomplir le phénomène de la production. L'*utilité*, qui est le fonds sur lequel vit le genre humain, résulte de cette coopération, et cela est aussi vrai de presque toutes les industries que de l'agriculture.

Mais, dans les échanges que les hommes accomplissent entre eux, il n'y a qu'une chose qui se compare et se puisse comparer, c'est le travail humain, c'est le service reçu et rendu. Ces services sont seuls commensurables entre eux ; c'est donc eux seuls qui sont rémunérables, c'est en eux seuls que réside la Valeur, et il est très-exact de dire qu'en définitive l'homme n'est *propriétaire* que de son œuvre *propre*.

Quant à la portion d'utilité due au concours de la nature, quoique très-réelle, quoique immensément supérieure à tout ce que l'homme pourrait accomplir, elle est *gratuite* ; elle se transmet de main en main par-dessus le marché ; elle est sans Valeur proprement dite. Et qui pourrait apprécier, mesurer, déterminer la valeur des lois naturelles qui agissent, depuis le commencement du monde, pour produire un effet quand le travail les sollicite ? à quoi les comparer ? comment les *évaluer* ? Si elles avaient une Valeur, elles figureraient sur nos comptes et nos inventaires ; nous nous ferions rétribuer pour leur usage. Et comment y parviendrions-nous, puisqu'elles sont à la disposition de tous sous la même condition, celle du travail[12] ?

Ainsi, toute production utile est l'œuvre de la nature qui agit gratuitement et du travail qui se rémunère.

Mais, pour arriver à la production d'une utilité donnée, ces deux contingents, *travail humain*, *forces naturelles*, ne sont pas dans des rapports fixes et immuables. Bien loin de là. Le progrès consiste à faire que la proportion du *concours naturel* s'accroisse sans cesse et vienne diminuer d'autant, en s'y substituant, la proportion du *travail humain*. En d'autres termes, pour une quantité donnée d'utilité, la coopération gratuite de la *nature* tend à remplacer de plus en plus la coopération onéreuse du *travail*. La partie *commune* s'accroît aux dépens de la partie rémunérable et *appropriée*.

Si vous aviez à transporter un fardeau d'un quintal, de Paris à Lille, sans l'intervention d'aucune force naturelle, c'est-à-dire à dos d'homme, il vous faudrait un mois de fatigue ; si, au lieu de prendre cette peine vous-même, vous la donniez à un autre, vous auriez à lui restituer une peine égale, sans quoi il ne la prendrait pas. Viennent le traîneau, puis la charrette, puis le chemin de fer ; à chaque progrès, c'est une partie de l'œuvre mise à la charge des forces naturelles, c'est une diminution de peine à prendre ou à rémunérer. Or, il est évident que toute rémunération anéantie est une conquête, non au profit de celui qui rend le service, mais de celui qui le reçoit, c'est-à-dire de l'humanité.

Avant l'invention de l'imprimerie, un scribe ne pouvait copier une Bible en moins d'un an, et c'était la mesure de la rémunération qu'il était en droit d'exiger. Aujourd'hui, on peut avoir une Bible pour 5 francs, ce qui ne répond guère qu'à une journée de travail. La force naturelle et *gratuite* s'est donc substituée à la force rémunérable pour deux cent quatre-vingt-dix-neuf parties sur trois cents ; une partie représente le *service* humain et reste *Propriété personnelle* ; deux cent quatre-vingt-dix-neuf parties représentent le *concours naturel*, ne se paient plus et sont par conséquent tombées dans le domaine de la gratuité et de la communauté.

Il n'y a pas un outil, un instrument, une machine qui n'ait eu pour résultat de diminuer le concours du travail humain, soit la Valeur du produit, soit encore ce qui fait le fondement de la Propriété.

Cette observation qui, j'en conviens, n'est que bien imparfaitement exposée ici, me semble devoir rallier sur un terrain commun, celui de la *Propriété* et de la *Liberté*, les écoles qui se partagent aujourd'hui d'une manière si fâcheuse l'empire de l'opinion.

Toutes les écoles se résument en un axiome.

Axiome Économiste : Laissez faire, laissez passer.

Axiome Égalitaire : Mutualité des services.

Axiome Saint-Simonien : À chacun selon sa capacité, à chaque capacité selon ses œuvres.

Axiome Socialiste : Partage équitable entre le capital, le talent et le travail.

Axiome Communiste : Communauté des biens.

Je vais indiquer (car je ne puis faire ici autre chose) que la doctrine exposée dans les lignes précédentes satisfait à tous ces vœux.

ÉCONOMISTES. Il n'est guère nécessaire de prouver que les Économistes doivent accueillir une doctrine qui procède évidemment de *Smith* et de *Say*, et ne fait que montrer une conséquence des lois générales qu'ils ont découvertes. *Laissez faire, laissez passer*, c'est ce que résume le mot *liberté*, et je demande s'il est possible de concevoir la notion de *propriété* sans liberté. Suis-je propriétaire de mes œuvres, de mes facultés, de mes bras, si je ne puis les employer à rendre des *services* volontairement acceptés ? Ne dois-je pas être *libre* ou d'exercer mes forces isolément, ce qui entraîne la nécessité de l'échange, ou de les unir à celles de mes frères, ce qui est *association* ou échange sous une autre forme ?

Et si la liberté est gênée, n'est-ce pas la Propriété elle-même qui est atteinte ? D'un autre côté, comment les *services* réciproques auront-ils tous leur juste Valeur relative, s'ils ne s'échangent pas librement, si la loi défend au travail humain de se porter vers ceux qui sont les mieux rémunérés ? La propriété, la justice, l'égalité, l'équilibre des services ne peuvent évidemment résulter que de la Liberté. C'est encore la Liberté qui fait tomber le concours des forces naturelles dans le domaine *commun* ; car, tant qu'un privilège légal m'attribue l'exploitation exclusive d'une force naturelle, je me fais payer non-seulement pour mon travail, mais pour l'usage de cette force. Je sais combien il est de mode aujourd'hui de maudire la liberté. Le siècle semble avoir pris au sérieux l'ironique refrain de notre grand chansonnier :

> Mon cœur en belle haine
> A pris la liberté.
> Fi de la liberté !
> À bas la liberté !

Pour moi, qui l'aimai toujours par instinct, je la défendrai toujours par raison.

ÉGALITAIRES. La *mutualité des services* à laquelle ils aspirent est justement ce qui résulte du régime *propriétaire*.

En apparence, l'homme est propriétaire de la chose tout entière, de toute l'utilité que cette chose renferme. En réalité, il n'est propriétaire que de sa Valeur, de cette portion d'utilité communiquée par le travail, puisque, en la cédant, il ne peut se faire rémunérer que pour le *service* qu'il rend. Le représentant des égalitaires condamnait ces jours-ci à la tribune la Propriété, restreignant ce mot à ce qu'il nomme les *usures*, l'usage du sol, de l'argent, des maisons, du crédit, etc. Mais ces *usures* sont du travail et ne peuvent être que du travail. Recevoir un service implique l'obligation de le rendre. C'est en quoi consiste la *mutualité des services*. Quand je prête une chose que j'ai produite à la sueur de mon front, et dont je pourrais tirer parti, je rends un *service* à l'emprunteur, lequel me doit aussi un *service*. Il ne m'en rendrait aucun s'il se bornait à me restituer la chose au bout de l'an. Pendant cet intervalle, il aurait profité de mon travail à mon détriment. Si je me faisais rémunérer pour autre chose que pour mon travail, l'objection des Égalitaires serait spécieuse. Mais il n'en est rien. Une fois donc qu'ils se seront assurés de la vérité de la théorie exposée dans ces articles, s'ils sont conséquents, ils se réuniront à nous pour raffermir la Propriété et réclamer ce qui la complète ou plutôt ce qui la constitue, la Liberté.

SAINT-SIMONIENS : *À chacun selon sa capacité, à chaque capacité selon ses œuvres.*

C'est encore ce que réalise le régime propriétaire.

Nous nous rendons des services réciproques ; mais ces services ne sont pas proportionnels à la durée ou à l'intensité du travail. Ils ne se mesurent pas au dynamomètre ou au chronomètre. Que j'aie pris une peine d'une heure ou d'un jour, peu importe à celui à qui j'offre mon service. Ce qu'il regarde, ce n'est pas la peine que je prends, mais celle que je lui épargne[13]. Pour économiser de la fatigue et du temps, je cherche à me faire aider par une *force naturelle*. Tant que nul, excepté moi, ne sait tirer parti de cette force, je rends aux autres, à temps égal, plus de services qu'ils ne s'en peuvent rendre eux-mêmes. Je suis bien rémunéré, je m'enrichis sans nuire à personne. La *force naturelle* tourne à mon seul profit, ma capacité est récompensée : *À chacun selon sa capacité*. Mais bientôt mon secret se divulgue. L'imitation s'empare de mon procédé, la concurrence me force à réduire mes prétentions. Le prix du produit baisse jusqu'à ce que mon travail ne reçoive plus que la rémunération normale de tous les travaux analogues. La *force naturelle* n'est pas perdue pour cela ; elle m'échappe, mais elle est recueillie par l'humanité tout entière, qui désormais se procure une satisfaction égale avec un moindre travail. Quiconque exploite cette force pour son propre usage prend moins de peine qu'autrefois et, par suite, quiconque l'exploite pour autrui a droit à une moindre rémunération. S'il veut accroître son bien-être, il ne lui reste d'autre ressource que d'accroître son travail. *À chaque capacité selon ses œuvres*. En définitive, il s'agit de *travailler mieux* ou de *travailler plus*, ce qui est la traduction rigoureuse de l'axiome saint-simonien.

Socialistes. *Partage équitable entre le talent, le capital et le travail.*

L'équité dans le partage résulte de la loi : *les services s'échangent contre les services,* pourvu que ces échanges soient libres, c'est-à-dire pourvu que la Propriété soit reconnue et respectée.

Il est bien clair d'abord que celui qui a plus de *talent* rend plus de *services*, à peine égale ; d'où il suit qu'on lui alloue volontairement une plus grande rémunération.

Quant au Capital et au Travail, c'est un sujet sur lequel je regrette de ne pouvoir m'étendre ici, car il n'en est pas qui ait été présenté au public sous un jour plus faux et plus funeste.

On représente souvent le Capital comme un monstre dévorant, comme l'ennemi du Travail. On est parvenu ainsi à jeter une sorte d'antagonisme irrationnel entre deux puissances qui, au fond, sont de même origine, de même nature, concourent, s'entr'aident, et ne peuvent se passer l'une de l'autre. Quand je vois le Travail s'irriter contre le Capital, il me semble voir l'Inanition repousser les aliments.

Je définis le Capital ainsi : *Des matériaux, des instruments et des provisions*, dont l'usage est *gratuit,* ne l'oublions pas, en tant que la nature a concouru à les produire, et dont la Valeur seule, fruit du travail, se fait payer.

Pour exécuter une œuvre utile, il faut des *matériaux* ; pour peu qu'elle soit compliquée, il faut des *instruments* ; pour peu qu'elle soit de longue haleine, il faut des *provisions*. Par exemple : pour qu'un chemin de fer soit entrepris, il faut que la société ait épargné assez de moyens d'existence pour faire vivre des milliers d'hommes pendant plusieurs années.

Matériaux, instruments, provisions sont eux-mêmes le fruit d'un travail antérieur, lequel n'a pas encore été rémunéré. Lors donc que le travail antérieur et le travail actuel se combinent pour une fin, pour une œuvre commune, ils se rémunèrent l'un par l'autre ; il y a là échange de travaux, *échange de services* à conditions débattues. Quelle est celle des deux parties qui obtiendra les meilleures conditions ? Celle qui a moins besoin de l'autre. Nous rencontrons ici l'inexorable loi de l'offre et de la demande ; s'en plaindre c'est une puérilité et une contradiction. Dire que le travail doit être très-rémuneré quand les travailleurs sont nombreux et les capitaux exigus, c'est dire que chacun doit être d'autant mieux pourvu que la provision est plus petite.

Pour que le travail soit demandé et bien payé, il faut donc qu'il y ait dans le pays beaucoup de matériaux, d'instruments et de provisions, autrement dit, beaucoup de Capital.

Il suit de là que l'intérêt fondamental des ouvriers est que le capital se forme rapidement ; que par leur prompte accumulation, les matériaux, les instruments et les provisions se fassent entre eux une active concurrence. Il n'y a que cela qui puisse améliorer le sort des travailleurs. Et quelle est la condition essentielle pour que les capitaux se forment ? C'est que chacun soit sûr d'être réellement *propriétaire*, dans toute l'étendue du mot, de son travail et de ses épargnes. Propriété, sécurité, liberté, ordre, paix, économie, voilà ce qui intéresse tout le monde, mais surtout, et au plus haut degré, les prolétaires.

Communistes. À toutes les époques, il s'est rencontré des cœurs honnêtes et bienveillants, des Thomas Morus, des Harrington, des Fénelon, qui, blessés par le spectacle des souffrances humaines et de l'inégalité des conditions, ont cherché un refuge dans l'utopie *communiste*.

Quelque étrange que cela puisse paraître, j'affirme que le régime propriétaire tend à réaliser de plus en plus, sous nos yeux, cette utopie. C'est pour cela que j'ai dit en commençant que la propriété était essentiellement démocratique.

Sur quel fonds vit et se développe l'humanité ? sur tout ce qui *sert*, sur tout ce qui est *utile*. Parmi les choses *utiles*, il y en a auxquelles le travail humain reste étranger, l'air, l'eau, la lumière du soleil ; pour celles-là la gratuité, la Communauté est entière. Il y en a d'autres qui ne deviennent *utiles* que par la coopération du travail et de la nature. L'*utilité* se décompose donc en elles. Une portion y est mise par le Travail, et celle-là seule est rémunérable, a de la Valeur et constitue la Propriété. L'autre portion y est mise par les agents naturels, et celle-ci reste gratuite et Commune.

Or, de ces deux forces qui concourent à produire l'*utilité*, la seconde, celle qui est gratuite et commune, se substitue incessamment à la première, celle qui est onéreuse et par suite rémunérable.

Quatrième lettre

C'est la loi du progrès. Il n'y a pas d'homme sur la terre qui ne cherche un auxiliaire dans les puissances de la nature, et quand il l'a trouvé, aussitôt il en fait jouir l'humanité tout entière, en abaissant proportionnellement le prix du produit.

Ainsi, dans chaque produit donné, la portion d'utilité qui est à titre *gratuit* se substitue peu à peu à cette autre portion qui reste à titre *onéreux*.

Le fonds *commun* tend donc à dépasser dans des proportions indéfinies le fonds *approprié*, et l'on peut dire qu'au sein de l'humanité le domaine de la communauté s'élargit sans cesse.

D'un autre côté, il est clair que, sous l'influence de la liberté, la portion d'utilité qui reste rémunérable ou appropriable tend à se répartir d'une manière sinon rigoureusement égale, du moins proportionnelle aux *services* rendus, puisque ces services mêmes sont la mesure de la rémunération.

On voit par là avec quelle irrésistible puissance le principe de la Propriété tend à réaliser l'égalité parmi les hommes. Il fonde d'abord un *fonds commun* que chaque progrès grossit sans cesse, et à l'égard duquel l'égalité est parfaite, car tous les hommes sont égaux devant une valeur *anéantie*, devant une utilité qui a cessé d'être rémunérable. Tous les hommes sont égaux devant cette portion du prix des livres que l'imprimerie a fait disparaître.

Ensuite, quant à la portion d'utilité qui correspond au travail humain, à la peine ou à l'habileté, la concurrence tend à établir l'équilibre des rémunérations, et il ne reste d'inégalité que celle qui se justifie par l'inégalité même des efforts, de la fatigue, du travail, de l'habileté, en un mot, des *services* rendus ; et, outre qu'une telle inégalité sera éternellement juste, qui ne comprend que, sans elle, les efforts s'arrêteraient tout à coup ?

Je pressens l'objection ! Voilà bien, dira-t-on, l'optimisme des économistes. Ils vivent dans leurs théories et ne daignent pas jeter les yeux sur les faits. Où sont, dans la réalité, ces tendances égalitaires ? Le monde entier ne présente-t-il pas le lamentable spectacle de l'opulence à côté du paupérisme ? du faste insultant le dénûment ? de l'oisiveté et de la fatigue ? de la satiété et de l'inanition ?

Cette illégalité, ces misères, ces souffrances, je ne les nie pas. Et qui pourrait les nier ? Mais je dis : Loin que ce soit le principe de la Propriété qui les engendre, elles sont imputables au principe opposé, au principe de la Spoliation.

C'est ce qui me reste à démontrer.

Cinquième lettre.

Non, les économistes ne pensent pas, comme on le leur reproche, que nous soyons dans le meilleur des mondes. Ils ne ferment ni leurs yeux aux plaies de la société, ni leurs oreilles aux gémissements de ceux qui souffrent. Mais, ces douleurs, ils en cherchent la cause, et ils croient avoir reconnu que, parmi celles sur lesquelles la société peut agir, il n'en est pas de plus active, de plus générale que l'injustice. Voilà pourquoi ce qu'ils invoquent, avant tout et surtout, c'est la justice, la justice universelle.

L'homme veut améliorer son sort, c'est sa première loi. Pour que cette amélioration s'accomplisse, un travail préalable ou une *peine* est nécessaire. Le même principe qui pousse l'homme vers son bien-être le porte aussi à éviter cette *peine* qui en est le moyen. Avant de s'adresser à son propre travail, il a trop souvent recours au travail d'autrui.

On peut donc appliquer à l'*intérêt personnel* ce qu'Esope disait de la langue : Rien au monde n'a fait plus de bien ni plus de mal. L'intérêt personnel crée tout ce par quoi l'humanité vit et se développe ; il stimule le travail, il enfante la *propriété*. Mais, en même temps, il introduit sur la terre toutes les injustices qui, selon leurs formes, prennent des noms divers et se résument dans ce mot : *Spoliation*.

Propriété, spoliation, sœurs nées du même père, salut et fléau de la société, génie du bien et génie du mal, puissances qui se disputent, depuis le commencement, l'empire et les destinées du monde !

Il est aisé d'expliquer, par cette origine commune à la Propriété et à la Spoliation, la facilité avec laquelle Rousseau et ses modernes disciples ont pu calomnier et ébranler l'ordre social. Il suffisait de ne montrer l'*Intérêt personnel* que par une de ses faces.

Nous avons vu que les hommes sont naturellement Propriétaires de leurs œuvres, et qu'en se transmettant des uns aux autres ces propriétés ils se rendent des *services* réciproques.

Cela posé, le caractère général de la Spoliation consiste à employer la force ou la ruse pour altérer à notre profit l'équivalence des services.

Les combinaisons de la Spoliation sont inépuisables, comme les ressources de la sagacité humaine. Il faut deux conditions pour que les services échangés puissent être tenus pour légitimement équivalents. La première, c'est que le jugement de l'une des parties contractantes ne soit pas faussé par les manœuvres de l'autre ; la seconde, c'est que la transaction soit libre. Si un homme parvient à extorquer de son semblable un service réel, en lui faisant croire que ce qu'il lui donne en retour est aussi un service réel, tandis que ce n'est qu'un service illusoire, il y a spoliation. À plus forte raison, s'il a recours à la force.

On est d'abord porté à penser que la Spoliation ne se manifeste que sous la forme de ces *vols* définis et punis par le Code. S'il en était ainsi, je donnerais, en effet, une trop grande importance sociale à des faits exceptionnels, que la conscience publique réprouve et que la loi réprime. Mais, hélas ! il y a la spoliation qui s'exerce avec le consentement de la loi, par l'opération de la loi, avec l'assentiment et souvent aux applaudissements de la société. C'est cette Spoliation seule qui peut prendre des proportions énormes, suffisantes pour altérer la distribution de la richesse dans le corps social, paralyser pour longtemps la force de nivellement qui est dans la Liberté, créer l'inégalité permanente des conditions, ouvrir le gouffre de la misère, et répandre sur le monde ce déluge de maux que des esprits superficiels attribuent à la Propriété. Voilà la Spoliation dont je parle, quand je dis qu'elle dispute au principe opposé, depuis l'origine, l'empire du monde. Signalons brièvement quelques-unes de ses manifestations.

Qu'est-ce d'abord que la guerre, telle surtout qu'on la comprenait dans l'antiquité ? Des hommes s'associaient, se formaient en corps de nation, dédaignaient d'appliquer leurs facultés à l'exploitation de la nature pour en obtenir des moyens d'existence ; mais, attendant que d'autres peuples eussent formé des *propriétés*, ils les attaquaient, le fer et le feu à la main, et les dépouillaient périodiquement de leurs biens. Aux vainqueurs alors non-seulement le butin, mais la gloire, les chants des poëtes, les acclamations des femmes, les récompenses nationales et l'admiration de la postérité ! Certes, un tel régime, de telles idées universellement acceptées devaient infliger bien des tortures, bien des souffrances, amener une bien grande inégalité parmi les hommes. Est-ce la faute de la Propriété ?

Plus tard, les spoliateurs se raffinèrent. Passer les vaincus au fil de l'épée, ce fut, à leurs yeux, détruire un trésor. Ne ravir que des propriétés, c'était une spoliation transitoire ; ravir les hommes avec les choses, c'était organiser la spoliation permanente. De là l'esclavage, qui est la spoliation poussée jusqu'à sa limite idéale, puisqu'elle dépouille le vaincu de toute propriété actuelle et de toute propriété future, de ses œuvres, de ses bras, de son intelligence, de ses facultés, de ses affections, de sa personnalité tout entière. Il se résume en ceci : exiger d'un homme tous les services que la force peut lui arracher, et ne lui en rendre aucun. Tel a été l'état du monde jusqu'à une époque qui n'est pas très-éloignée de nous. Tel il était en particulier à Athènes, à Sparte, à Rome, et il est triste de penser que ce sont les idées et les mœurs de ces républiques que l'éducation offre à notre engouement et fait pénétrer en nous par tous les pores. Nous ressemblons à ces plantes, auxquelles l'horticulteur a fait absorber des eaux colorées et qui reçoivent ainsi une teinte artificielle ineffaçable. Et l'on s'étonne que des générations ainsi instruites ne puissent fonder une République honnête ! Quoi qu'il en soit, on conviendra qu'il y avait là une cause d'inégalité qui n'est certes pas imputable au régime propriétaire tel qu'il a été défini dans les précédents articles.

Je passe par-dessus le *servage*, le *régime féodal* et ce qui l'a suivi jusqu'en 89. Mais je ne puis m'empêcher de mentionner la Spoliation qui s'est si longtemps exercée par l'abus des influences religieuses. Recevoir des hommes des services positifs, et ne leur rendre en retour que des services imaginaires, frauduleux, illusoires et dérisoires, c'est les spolier de leur consentement, il est vrai ; circonstance aggravante, puisqu'elle implique qu'on a commencé par pervertir la source même de tout progrès, le jugement. Je n'insisterai pas là-dessus. Tout le monde sait ce que l'exploitation de la crédulité publique, par l'abus des religions vraies ou fausses, avait mis de distance entre le sacerdoce et le vulgaire dans l'Inde, en Égypte, en Italie, en Espagne. Est-ce encore la faute de la

Propriété ?

Nous venons au dix-neuvième siècle, après ces grandes iniquités sociales qui ont imprimé sur le sol une trace profonde ; et qui peut nier qu'il faut du temps pour qu'elle s'efface, alors même que nous ferions prévaloir dès aujourd'hui dans toutes nos lois, dans toutes nos relations, le principe de la propriété, qui n'est que la *liberté*, qui n'est que l'expression de la *justice universelle* ? Rappelons-nous que le *servage* couvre, de nos jours, la moitié de l'Europe ; qu'en France, il y a à peine un demi-siècle que la féodalité a reçu le dernier coup ; qu'elle est encore dans toute sa splendeur en Angleterre ; que toutes les nations font des efforts inouïs pour tenir debout de puissantes armées, ce qui implique ou qu'elles menacent réciproquement leurs propriétés, ou que ces armées ne sont elles-mêmes qu'une grande spoliation. Rappelons-nous que tous les peuples succombent sous le poids de dettes dont il faut bien rattacher l'origine à des folies passées ; n'oublions pas que nous-mêmes nous payons des millions annuellement pour prolonger la vie artificielle de colonies à esclaves, d'autres millions pour empêcher la traite sur les côtes d'Afrique (ce qui nous a impliqués dans une de nos plus grandes difficultés diplomatiques), et que nous sommes sur le point de livrer 100 millions aux planteurs pour couronner les sacrifices que ce genre de spoliation nous a infligés sous tant de formes.

Ainsi le passé nous tient, quoi que nous puissions dire. Nous ne nous en dégageons que progressivement. Est-il surprenant qu'il y ait de l'Inégalité parmi les hommes, puisque le principe Égalitaire, la Propriété, a été jusqu'ici si peu respecté ? D'où viendra le nivellement des conditions qui est le vœu ardent de notre époque et qui la caractérise d'une manière si honorable ? Il viendra de la simple Justice, de la réalisation de cette loi : *Service pour service*. Pour que deux services s'échangent selon leur *valeur* réelle, il faut deux choses aux parties contractantes : lumières dans le jugement, liberté dans la transaction. Si le jugement n'est pas éclairé, en retour de services réels, on acceptera, même librement, des services dérisoires. C'est encore pis si la force intervient dans le contrat.

Ceci posé, et reconnaissant qu'il y a entre les hommes une inégalité dont les causes sont historiques, et ne peuvent céder qu'à l'action du temps, voyons si du moins notre siècle, faisant prévaloir partout la *justice*, va enfin bannir la force et la ruse des transactions humaines, laisser s'établir naturellement l'équivalence des services, et faire triompher la cause démocratique et égalitaire de la Propriété.

Hélas ! je rencontre ici tant d'abus naissants, tant d'exceptions, tant de déviations directes ou indirectes, apparaissant à l'horizon du nouvel ordre social, que je ne sais par où commencer.

Nous avons d'abord les priviléges de toute espèce. Nul ne peut se faire avocat, médecin, professeur, agent de change, courtier, notaire, avoué, pharmacien, imprimeur, boucher, boulanger, sans rencontrer des prohibitions légales. Ce sont autant de *services* qu'il est défendu de rendre, et, par suite, ceux à qui l'autorisation est accordée les mettent à plus haut prix, à ce point que ce privilége seul, sans travail, a souvent une grande valeur. Ce dont je me plains ici, ce n'est pas qu'on exige des garanties de ceux qui rendent ces *services,* quoiqu'à vrai dire la garantie efficace se trouve en ceux qui les reçoivent et les paient. Mais encore faudrait-il que ces garanties n'eussent rien d'exclusif. Exigez de moi que je sache ce qu'il faut savoir pour être avocat ou médecin, soit ; mais n'exigez pas que je l'aie appris en telle ville, en tel nombre d'années, etc.

Vient ensuite le prix artificiel, la valeur supplémentaire qu'on essaie de donner, par le jeu des tarifs, à la plupart des choses nécessaires, blé, viande, étoffes, fer, outils, etc.

Il y a là évidemment un effort pour détruire l'équivalence des services, une atteinte violente à la plus sacrée de toutes les propriétés, celle des bras et des facultés. Ainsi que je l'ai précédemment démontré, quand le sol d'un pays a été successivement occupé, si la population ouvrière continue à croître, son droit est de limiter les prétentions du propriétaire foncier, en travaillant pour le dehors, en faisant venir du dehors sa subsistance. Cette population n'a que du travail à livrer en échange des produits, et il est clair que si le premier terme s'accroît sans cesse, quand le second demeure stationnaire, il faudra donner plus de travail contre moins de produits. Cet effet se manifeste par la baisse des salaires, le plus grand des malheurs, quand elle est due à des causes naturelles, le plus grand des crimes, quand elle provient de la loi.

Arrive ensuite l'impôt. Il est devenu un moyen de vivre très-recherché. On sait que le nombre des places a toujours été croissant

Cinquième lettre

et que le nombre des solliciteurs s'accroît encore plus vite que le nombre des places. Or, quel est le solliciteur qui se demande s'il rendra au public des *services* équivalents à ceux qu'il en attend ? Ce fléau est-il près de cesser ? Comment le croire, quand on voit que l'opinion publique elle-même pousse à tout faire faire par cet être fictif l'*État*, qui signifie *une collection d'agents salariés* ? Après avoir jugé tous les hommes sans exception capables de gouverner le pays, nous les déclarons incapables de se gouverner eux-mêmes. Bientôt il y aura deux ou trois agents salariés auprès de chaque Français, l'un pour l'empêcher de trop travailler, l'autre pour faire son éducation, un troisième pour lui fournir du crédit, un quatrième pour entraver ses transactions, etc., etc. Où nous conduira cette illusion qui nous porte à croire que l'État est un personnage qui a une fortune inépuisable indépendante de la nôtre ?

Le peuple commence à savoir que la machine gouvernementale est coûteuse. Mais ce qu'il ne sait pas, c'est que le fardeau retombe *inévitablement* sur lui. On lui fait croire que si jusqu'ici sa part a été lourde, la République a un moyen, tout en augmentant le fardeau général, d'en repasser au moins la plus grande partie sur les épaules du riche. Funeste illusion ! Sans doute on peut arrivera à ce que le percepteur s'adresse à telle personne plutôt qu'à telle autre, et que, matériellement, il reçoive l'argent de la main du riche. Mais l'impôt une fois payé, tout n'est pas fini. Il se fait un travail ultérieur dans la société, il s'opère des réactions sur la valeur respective des services, et l'on ne peut pas éviter que la charge ne se répartisse à la longue sur tout le monde, le pauvre compris. Son véritable intérêt est donc, non qu'on frappe une classe, mais qu'on les ménage toutes, à cause de la solidarité qui les lie.

Or, rien annonce-t-il que le temps soit venu où les taxes vont être diminuées ?

Je le dis sincèrement : je crois que nous entrons dans une voie où, avec des formes fort douces, fort subtiles, fort ingénieuses, revêtues des beaux noms de solidarité et de fraternité, la spoliation va prendre des développements dont l'imagination ose à peine mesurer l'étendue. Cette forme, la voici : Sous la dénomination d'*État*, on considère la collection des citoyens comme un être réel, ayant sa vie propre, sa richesse propre, indépendamment de la vie et de la richesse des citoyens eux-mêmes, et puis chacun s'adresse à cet être fictif pour en obtenir qui l'instruction, qui le travail, qui le crédit, qui les aliments, etc., etc. Or, l'État ne peut rien donner aux citoyens qu'il n'ait commencé par le leur prendre. Les seuls effets de cet intermédiaire, c'est d'abord une grande déperdition de forces, et ensuite la complète destruction de l'*équivalence des services*, car l'effort de chacun sera de livrer le moins possible aux caisses de l'État et d'en retirer le plus possible. En d'autres termes, le Trésor public sera au pillage. Et ne voyons-nous pas dès aujourd'hui quelque chose de semblable ? Quelle classe ne sollicite pas les faveurs de l'État ? Il semble que c'est en lui qu'est le principe de vie. Sans compter la race innombrable de ses propres agents, l'agriculture, les manufactures, le commerce, les arts, les théâtres, les colonies, la navigation attendent tout de lui. On veut qu'il défriche, qu'il irrigue, qu'il colonise, qu'il enseigne et même qu'il amuse. Chacun mendie une prime, une subvention, un encouragement et surtout la *gratuité* de certains services, comme l'instruction et le crédit. Et pourquoi pas demander à l'État la gratuité de tous les services ? pourquoi pas exiger de l'État qu'il nourrisse, abreuve, loge et habille gratuitement tous les citoyens ?

Une classe était restée étrangère à ces folles prétentions,

Une pauvre servante au moins m'était restée,
Qui de ce mauvais air n'était pas infectée ;

c'était le peuple proprement dit, l'innombrable classe des travailleurs. Mais la voilà aussi sur les rangs. Elle verse largement au Trésor ; en toute justice, en vertu du principe de l'égalité, elle a les mêmes droits à cette dilapidation universelle dont les autres classes lui ont donné le signal. Regrettons profondément que le jour où sa voix s'est fait entendre, ç'ait été pour demander part au pillage et non pour le faire cesser. Mais cette classe pouvait-elle être plus éclairée que les autres ? N'est-elle pas excusable d'être dupe de l'illusion qui nous aveugle tous ?

Cependant, par le seul fait du nombre des solliciteurs, qui est aujourd'hui égal au nombre des citoyens, l'erreur que je signale ici ne peut être de longue durée, et l'on en viendra bientôt, je l'espère, à ne demander à l'État que les seuls services de sa compétence, justice,

Cinquième lettre

défense nationale, travaux publics, etc.

Nous sommes en présence d'une autre cause d'inégalité, plus active peut-être que toutes les autres, *la guerre au Capital*. Le Prolétariat ne peut s'affranchir que d'une seule manière, par l'accroissement du capital national. Quand le capital s'accroît plus rapidement que la population, il s'ensuit deux effets infaillibles qui tous deux concourent à améliorer le sort des ouvriers : baisse des produits, hausse des salaires. Mais, pour que le capital s'accroisse, il lui faut avant tout de la *sécurité*. S'il a peur, il se cache, s'exile, se dissipe et se détruit. C'est alors que le travail s'arrête et que les bras s'offrent au rabais. Le plus grand de tous les malheurs pour la classe ouvrière, c'est donc de s'être laissé entraîner par des flatteurs à une guerre contre le capital, aussi absurde que funeste. C'est une menace perpétuelle de spoliation pire que la spoliation même.

En résumé, s'il est vrai, comme j'ai essayé de le démontrer, que la Liberté, qui est la libre disposition des propriétés, et, par conséquent, la consécration suprême du Droit de Propriété ; s'il est vrai, dis-je, que la Liberté tend invinciblement à amener la *juste équivalence des services*, à réaliser progressivement l'Égalité, à rapprocher tous les hommes d'un même niveau qui s'élève sans cesse, ce n'est pas à la Propriété qu'il faut imputer l'Inégalité désolante dont le monde nous offre encore le triste aspect, mais au principe opposé, à la Spoliation, qui a déchaîné sur notre planète les guerres, l'esclavage, le servage, la féodalité, l'exploitation de l'ignorance et de la crédulité publiques, les privilèges, les monopoles, les restrictions, les emprunts publics, les fraudes commerciales, les impôts excessifs, et, en dernier lieu, la guerre au capital et l'absurde prétention de chacun de vivre et se développer aux dépens de tous.

RÉCLAMATION DE M. CONSIDÉRANT ET RÉPONSE DE F. BASTIAT,

Publiées par le *Journal des Débats*, dans son n° du 28 juillet 1848.

Monsieur,

Dans les discussions graves dont la question sociale va être l'objet, je suis bien décidé à ne pas permettre que l'on donne au public, comme m'appartenant, des opinions qui ne sont pas les miennes, ou qu'on présente les miennes sous un jour qui les altère et les défigure.

Je n'ai pas défendu le principe de la *propriété*, pendant vingt ans, contre les Saint-Simoniens qui niaient le droit d'hérédité, contre les Babouvistes, les Owenistes, et contre toutes les variétés de Communistes, pour consentir à me voir rangé parmi les adversaires de ce *droit de propriété* dont je crois avoir établi la légitimité logique sur des bases assez difficiles à ébranler.

Je n'ai pas combattu, au Luxembourg, les doctrines de M. Louis Blanc, je n'ai pas été maintes fois attaqué par M. Proudhon comme un des défenseurs les plus acharnés de la propriété, pour pouvoir laisser, sans réclamation, M. Bastiat me faire figurer chez vous, avec ces deux socialistes, dans une sorte de triumvirat *anti-propriétaire*.

Comme je voudrais d'ailleurs n'être pas forcé de réclamer de votre loyauté des insertions trop considérables de ma prose dans vos colonnes, et qu'en ceci vous devez être d'accord avec mon désir, je vous demande la permission de faire à M. Bastiat, avant qu'il aille plus loin, quelques observations propres à abréger beaucoup les réponses qu'il peut me forcer de lui faire et peut-être même à m'en dispenser complètement.

1° Je ne voudrais pas que M. Bastiat, lors même qu'il croit analyser ma pensée très-fidèlement, donnât, en guillemettant et comme citations textuelles de ma brochure sur le droit de propriété et le droit au travail, ou de tout autre écrit, des phrases qui sont de lui, et qui, notamment dans l'avant-dernière de celles qu'il me prête, rendent inexactement mes idées. Ce procédé n'est pas heureux, et peut mener celui qui l'emploie beaucoup plus loin qu'il ne le voudrait lui-même. Abrégez et analysez comme vous l'entendez, c'est votre droit ; mais ne donnez pas à votre abréviation analytique le caractère d'une citation textuelle.

2° M. Bastiat dit : « Ils (les trois socialistes parmi lesquels je figure) paraissent croire que dans la lutte qui va s'engager, les pauvres sont intéressés au triomphe du *droit au travail*, et les riches à la défense du *droit de propriété*. » Je ne crois pour ma part, et même je ne crois pas *paraître croire* rien de semblable. Je crois, au contraire, que les riches sont aujourd'hui plus sérieusement intéressés que les pauvres à la reconnaissance du *droit au travail*. C'est la pensée qui domine tout mon écrit, publié pour la première fois, non pas aujourd'hui, mais il y a dix ans, et composé pour donner aux gouvernants et à la propriété un avertissement salutaire, en même temps que pour défendre la propriété contre la logique redoutable de ses adversaires. Je crois, en outre, que le *droit de propriété* est tout autant dans l'intérêt des pauvres que dans celui des riches ; car je regarde la négation de ce droit comme la négation du principe de l'individualité ; et sa suppression, en quelque état de société que ce fût, me paraîtrait le signal d'un retour à l'état sauvage, dont je ne me suis jamais, que je sache, montré très-partisan.

3° Enfin M. Bastiat s'exprime ainsi :

« Au reste, je n'ai pas l'intention d'examiner en détail la théorie de M. Considérant... Je ne veux m'attaquer qu'à ce qu'il y a de grave et de sérieux au fond de cette théorie, je veux dire la question de la *Rente*. Le système de M. Considérant peut se résumer ainsi : Un produit agricole existe par le concours de deux actions : *l'action de l'homme*, ou le travail, qui donne ouverture au droit de propriété ; *l'action de la nature*, qui devrait être gratuite, et que les propriétaires font injustement tourner à leur profit. C'est là ce qui constitue l'usurpation des droits de l'espèce. »

J'en demande mille fois pardon à M. Bastiat, mais il n'y a pas un mot dans ma brochure qui puisse l'autoriser à me prêter les opinions qu'il m'attribue bien gratuitement ici. En général, je déguise peu ma pensée, et quand je pense midi, je n'ai pas l'habitude de dire quatorze heures. Que M. Bastiat donc, s'il veut me faire l'honneur de battre ma brochure en brèche, combatte ce que j'y ai mis et non ce qu'il y met. Je n'y ai pas écrit un mot contre la *Rente* ; la question de la *Rente*, que je connais comme tout le monde, n'y figure ni de près ni de loin, ni en espèce ni même en apparence ; et quand M. Bastiat me fait dire « que l'action de la nature devrait être gratuite, que les propriétaires la font injustement tourner à leur profit, et que c'est là ce qui constitue, suivant moi, l'usurpation des droits de l'*espèce*, » il reste encore et toujours dans un ordre d'idées que je n'ai pas le moins du monde abordé ; il me prête une opinion que je considère comme absurde, et qui est même diamétralement opposée à toute la doctrine de mon écrit. Je ne me plains pas du tout, en effet, de ce que les propriétaires jouissent de l'*action de la nature* ; je demande, pour ceux qui n'en jouissent pas, le droit à un travail qui leur permette de pouvoir, à côté des propriétaires, créer des produits et vivre en travaillant, quand la propriété (agricole ou industrielle) ne leur en offre pas le moyen.

Au reste, Monsieur, je n'ai pas la prétention grande de discuter, contradictoirement avec M. Bastiat, mes opinions dans vos colonnes. C'est une faveur et un honneur auxquels je ne suis point réservé. Que M. Bastiat fasse donc de mon système des décombres et de la poussière, je ne me croirai en droit de réclamer votre hospitalité pour mes observations que quand, faute d'avoir compris, il m'attribuera des doctrines dont je n'aurai point pris la responsabilité. Je sais bien qu'il devient souvent facile de terrasser les gens quand on leur fait dire ce que l'on veut en place de ce qu'ils disent ; je sais bien surtout qu'on a toujours plus aisément raison contre les *socialistes*, quand on les combat confusément et en bloc que quand on les prend chacun pour ce qu'ils proposent ; mais, à tort ou à raison, je tiens pour mon compte à ne porter d'autre responsabilité que la mienne.

La discussion qu'engage dans vos colonnes M. Bastiat porte, monsieur le Rédacteur, sur des sujets trop délicats et trop graves pour que, en ceci du moins, vous ne soyez pas de mon avis. Je me tiens donc pour assuré que vous approuverez ma juste susceptibilité, et que vous donnerez loyalement à ma réclamation, dans vos colonnes, une place visible et un caractère lisible.

V. Considérant,
Représentant du peuple.
Paris, le 24 juillet 1848.

M. Considérant se plaint de ce que j'ai altéré ou défiguré son opinion sur la propriété. Si j'ai commis cette faute, c'est bien involontairement, et je ne saurais mieux faire, pour la réparer, que de citer des textes.

Après avoir établi qu'il y a deux sortes de Droits, le Droit naturel, qui est l'expression des rapport résultant de la nature même des êtres ou des choses, et le Droit conventionnel ou légal, *qui n'existe qu'à la condition de régir des rapports faux*, M. Considérant poursuit ainsi :

« Cela posé, nous dirons nettement que la Propriété telle qu'elle a été généralement constituée *chez tous les peuples industrieux jusqu'à nos jours*, est entachée d'illégitimité et pèche contre le Droit... L'espèce humaine est placée sur la terre pour y vivre et se développer. L'espèce est donc usufruitière de la surface du globe...

Or, sous le régime qui constitue la Propriété dans toutes les nations civilisées, le fonds commun sur lequel l'Espèce a plein droit d'usufruit a été envahi ; il se trouve confisqué par le petit nombre à l'exclusion du grand nombre. Eh bien ! n'y eût-il en fait qu'un seul homme exclu de son droit à l'usufruit du fonds commun par la nature du régime de propriété, cette exclusion constituerait à elle seule une atteinte au Droit, et le régime de propriété qui la consacrerait serait certainement injuste, illégitime.

Tout homme qui venant au monde dans une société civilisée ne possède rien et trouve la terre confisquée tout autour de lui, ne pourrait-il pas dire à ceux qui lui prêchent le respect pour le régime existant de la propriété, en alléguant le respect qu'on doit au droit de propriété : « Mes amis, entendons-nous et distinguons un peu les choses ; je suis fort partisan du droit de propriété et très-disposé à le respecter à l'égard d'autrui, à la seule condition qu'autrui le respecte à mon égard. Or, en tant que membre de l'espèce, j'ai droit à l'usufruit du fonds, qui est la propriété commune de l'espèce et que la nature n'a pas, que je sache, donné aux uns au détriment des autres. En vertu du régime de propriété que je trouve établi en arrivant ici, le fonds commun est confisqué et très-bien gardé. Votre régime de propriété est donc fondé sur la spoliation de mon droit d'usufruit. Ne confondez pas le droit de propriété avec le régime particulier de propriété que je trouve établi par votre droit factice. »

Le régime actuel de la propriété est donc illégitime et repose sur une fondamentale spoliation. »

M. Considérant arrive enfin à poser le *principe fondamental* du droit de propriété en ces termes :

« Tout homme possède légitimement la chose que son travail, son intelligence, ou plus généralement que son activité a créée. »

Pour montrer la portée de ce principe, il suppose une première génération cultivant une île isolée. Les résultats du travail de cette génération se divisent en deux catégories.

« La première comprend les produits du sol qui appartenaient à cette première génération en sa qualité d'usufruitière, augmentés, raffinés ou fabriqués par son travail, par son industrie : ces produits bruts ou fabriqués consistent soit en objets de consommation, soit en instruments de travail. Il est clair que ces produits appartiennent en toute et légitime propriété à ceux qui les ont créés par leur activité...

Non-seulement cette génération a créé les produits que nous venons de désigner... mais encore elle a ajouté une *plus-value* à la valeur primitive du sol par la culture, par les constructions, par tous les travaux de fonds et immobiliers qu'elle a exécutés.

Cette *plus-value* constitue évidemment un produit, une valeur due à l'activité de la première génération. »

M. Considérant reconnaît que cette seconde valeur est aussi une propriété légitime. Puis il ajoute :

« Nous pouvons donc parfaitement reconnaître que, quand la seconde génération arrivera, elle trouvera sur la terre deux sortes de capitaux :

A. Le *capital primitif ou naturel*, qui n'a pas été créé par les hommes de la première génération , c'est-à-dire la valeur de la terre brute.

B. Le *capital créé* par la première génération, comprenant, 1° les produits, denrées et instruments qui n'auront pas été consommés et usés par la première génération ; 2° la *plus-value* que le travail de la première génération aura ajoutée à la valeur de la terre brute.

Il est donc évident et il résulte clairement et nécessairement du principe fondamental du Droit de propriété tout à l'heure établi, que chaque individu de la deuxième génération a un Droit égal au capital Primitif ou Naturel, tandis qu'il n'a aucun Droit à l'autre Capital, au Capital Créé par la première génération. Chaque individu de celle-ci pourra donc disposer de sa part du Capital Créé en faveur de tels ou tels individus de la seconde génération qu'il lui plaira choisir, enfants, amis, etc. »

Ainsi dans cette seconde génération il y a deux sortes d'individus, ceux qui héritent du capital créé et ceux qui n'en héritent pas. Il y a aussi deux sortes de capitaux, le capital primitif ou naturel et le capital créé. Ce dernier appartient légitimement aux héritiers, mais le premier appartient légitimement à tout le monde. *Chaque indi-*

vidu de la seconde génération a un droit égal au capital primitif. Or il est arrivé que les héritiers du capital créé se sont emparés aussi du capital non créé, l'ont envahi, usurpé, confisqué. Voilà pourquoi et en quoi le *régime actuel* de la propriété est illégitime, contraire au droit et repose sur une fondamentale spoliation.

Je puis certainement me tromper ; mais il me semble que cette doctrine reproduit exactement, quoique en d'autres termes, celle de Buchanan, Mac-Culloch et Senior sur la *Rente*. Eux aussi reconnaissent la propriété légitime de ce qu'on a créé par le travail. Mais ils regardent comme illégitime l'usurpation de ce que M. Considérant appelle la *valeur de la terre brute*, et de ce qu'ils nomment *force productive* de la terre.

Voyons maintenant comment cette injustice peut être réparée.

« Le sauvage jouit, au milieu des forêts, des savanes, des quatre droits naturels : chasse, pêche, cueillette, pâture. Telle est la première forme du Droit.

Dans toutes les sociétés civilisées, l'homme du peuple, le prolétaire, qui n'hérite de rien et ne possède rien, est purement et simplement dépouillé de ces droits. On ne peut donc pas dire que le droit primitif ait ici changé de forme, puisqu'il n'existe plus. La forme a disparu avec le fond.

Or quelle serait la forme sous laquelle le Droit pourrait se concilier avec les conditions d'une société industrieuse ? La réponse est facile. Dans l'état sauvage, pour user de son droit, l'homme est *obligé d'agir*. Les travaux de la pêche, de la chasse, de la cueillette, de la pâture, sont les conditions de l'exercice de son droit. Le droit primitif n'est donc que le *droit à ces travaux*.

Eh bien ! qu'une société industrieuse, qui a pris possession de la terre, et qui enlève à l'homme la faculté d'exercer à l'aventure et en liberté sur la surface du sol ses quatre droits naturels ; que cette société reconnaisse à l'individu, en compensation de ces droits, dont elle le dépouille, le DROIT AU TRAVAIL, — alors en principe, et sauf application convenable, l'individu n'aura plus à se plaindre. En effet, son droit primitif était le droit au travail exercé au sein d'un atelier pauvre, au sein de la nature brute ; son droit actuel serait le même droit exercé dans un atelier mieux pourvu, plus riche, où l'activité individuelle doit être plus productive.

Frédéric Bastiat

La condition *sine quâ non*, pour la légitimité de la propriété, est donc que la société reconnaisse au prolétaire le *droit au travail*, et qu'elle lui *assure* au moins autant de moyens de subsistance, pour un exercice d'activité donné, que cet exercice eût pu lui en procurer dans l'état primitif. »

Maintenant je laisse au lecteur à juger si j'avais altéré ou défiguré les opinions de M. Considérant.

M. Considérant croit être un défenseur acharné du *droit de propriété*. Sans doute il défend ce droit tel qu'il le comprend, mais il le comprend à sa manière, et la question est de savoir si c'est la bonne. En tout cas, ce n'est pas celle de tout le monde.

Il dit lui-même que, *quoiqu'il ne fallût qu'une modeste dose de bon sens pour résoudre la question de la propriété, elle n'a jamais été bien comprise*. Il m'est bien permis de ne pas souscrire à cette condamnation de l'intelligence humaine.

Ce n'est pas seulement la théorie que M. Considérant accuse. Je la lui abandonnerais, pensant avec lui qu'en cette matière, comme en bien d'autres, elle s'est souvent fourvoyée.

Mais il condamne aussi la pratique universelle. Il dit nettement :

« La propriété, telle qu'elle a été généralement constituée *chez tous les peuples industrieux jusqu'à nos jours*, est entachée d'illégitimité et pèche singulièrement contre le droit. »

Si donc M. Considérant est un défenseur acharné de la propriété, c'est au moins d'un mode de propriété différent de celui qui a été reconnu et pratiqué parmi les hommes depuis le commencement du monde.

Je suis bien convaincu que M. Louis Blanc et M. Proudhon se disent aussi défenseurs de la propriété comme ils l'entendent.

Moi-même je n'ai pas d'autre prétention que de donner de la propriété une explication que je crois vraie et qui peut-être est fausse.

Je crois que la propriété foncière, telle qu'elle se forme naturellement, est toujours le fruit du travail ; qu'elle repose par conséquent sur le principe même établi par M. Considérant ; qu'elle n'exclut pas les prolétaires de l'usufruit de la terre brute ; qu'au contraire elle décuple et centuple pour eux cet usufruit : qu'elle n'est donc pas entachée d'illégitimité, et que tout ce qui l'ébranle dans les faits et dans les convictions est une calamité autant pour ceux qui ne possèdent pas le sol que pour ceux qui le possèdent.

C'est ce que je voudrais m'efforcer de démontrer, autant que cela se peut faire dans les colonnes d'un journal.

Notes

1.   Elle parut dans le Journal des Débats, n° du 24 juillet 1848. (Note de l'éditeur.)

2.   Voir le petit volume publié par M. Considérant sous ce titre : Théorie du Droit de propriété et du Droit au travail.

3.   M. Considérant n'est pas le seul qui la professe, témoin le passage suivant, extrait du Juif errant de M. Eugène Sue :

« Mortification exprimerait mieux le manque complet de ces choses essentiellement vitales, qu'une société équitablement organisée devrait, oui, devrait forcément à tout travailleur actif et probe, puisque la civilisation l'a dépossédé de tout droit au sol, et qu'il naît avec ses bras pour seul patrimoine.

« Le sauvage ne jouit pas des avantages de la civilisation, mais, du moins, il a pour se nourrir les animaux des forêts, les oiseaux de l'air, les poissons des rivières, les fruits de la terre ; et, pour s'abriter et se chauffer, les arbres des grands bois.

« Le civilisé, déshérité de ces dons de Dieu, le civilisé qui regarde la Propriété comme sainte et sacrée peut donc, en retour de son rude labeur quotidien qui enrichit le pays, peut donc demander un salaire suffisant pour vivre sainement, rien de plus, rien de moins.»

4.   Cette proposition se trouve plus amplement développée aux chapitres V et IV des Harmonies économiques, tome VI. (Note de l'éditeur.)

5.   Voy. à la fin de cet opuscule, la réclamation que provoqua cette première lettre de la part de M. Considérant, et la réponse de F. Bastiat. (Note de l'éditeur.)

6.   Voy. le chap. XXII de la Ire série des Sophismes. (Note de

l'éditeur.)

7. « Il ne suffit pas que la valeur ne soit pas dans la matière ou dans les forces naturelles. Il ne suffit pas qu'elle soit exclusivement dans les services. Il faut encore que les services eux-mêmes ne puissent pas avoir une valeur exagérée. Car qu'importe à un malheureux ouvrier de payer le blé cher, parce que le propriétaire se fait payer les puissances productives du sol ou bien se fait payer démesurément son intervention ? »

« C'est l'œuvre de la Concurrence d'égaliser les services sur le pied de la justice. Elle y travaille sans cesse. »(Pensée inédite de l'auteur.)

Pour les développements sur la Valeur et la Concurrence, voy. les chap. V et X des Harmonies économiques, au tome VI.

Voy., de plus, au présent volume, les exemples cités pag. 38 et suiv. (Note de l'éditeur.)

8. Voy., sur la question des intermédiaires, au tome V, le chap. VI du pamphlet Ce qu'on voit et ce qu'on ne voit pas, et au tome VI, le commencement du chap. XVI.(Note de l'éditeur.)

9. Nous avons entendu naguère nier la légitimité du fermage. Sans aller jusque-là, beaucoup de personnes ont de la peine à comprendre la pérennité du loyer des capitaux. Comment, disent-elles, un capital une fois formé peut-il donner un revenu éternel ? Voici, par un exemple, cette légitimité et cette pérennité expliquées.

J'ai cent sacs de blé, je pourrais m'en servir pour vivre pendant que je me livre à un travail utile. Au lieu de cela, je les prête pour un an. Que me doit l'emprunteur ? la restitution intégrale de mes cent sacs de blé. Ne me doit-il que cela ? En ce cas, j'aurais rendu un service sans en recevoir. Il me doit donc, outre la simple restitution de mon prêt, un service, une rémunération qui sera déterminée par les lois de l'offre et de la demande : c'est l'intérêt. On voit qu'au bout de l'an, j'ai encore cent sacs de blé à prêter ; et ainsi de suite pendant l'éternité. L'intérêt est une petite portion du travail que mon prêt a mis l'emprunteur à même d'exécuter. Si j'ai assez de sacs de blé pour que les intérêts suffisent à mon existence, je puis être un homme de loisir sans faire tort à personne, et il me serait facile de montrer que le loisir, ainsi acheté, est lui-même un des ressorts progressifs de la société.

10. Cette hypothèse a été examinée de nouveau par l'auteur

dans la dernière partie de sa lettre à M. Thiers. Voy. ci-après les 12 dernières pages de Protectionisme et Communisme.(Note de l'éditeur.)

11.   Sur la propriété foncière, voy. les chap. IX et XIII des Harmonies économiques, au tome VI. — Voy. aussi, au tome II, la seconde parabole du discours prononcé, le 29 septembre 1846, à la salle Montesquieu.(Note de l'éditeur.)

12.   Sur l'objection tirée d'un prétendu accaparement des agents naturels, voy., au tome V, la lettre XIVe de Gratuité du crédit, et, au tome VI, les deux dernières pages du chap. XIV.(Note de l'éditeur.)

13.   Sur l'Effort épargné, considéré comme l'élément le plus important de la valeur, voy. le chap. V du tome VI.

ISBN : 978-1544882321

www.ingramcontent.com/pod-product-compliance
Lightning Source LLC
Chambersburg PA
CBHW061450180526
45170CB00004B/1638